Inhalt

Branchenreport TRANSPORT & LOGISTIK
Ausgabe 1/2014

GENIOS BranchenWissen Nr. 05 vom 21.05.2014

Branchenreport TRANSPORT & LOGISTIK Ausgabe 1/2014

Robert Reuter

Kernthesen

- Die deutsche Logistikwirtschaft hat 2013 um 0,9 Prozent zugelegt. Gegenüber den Vorjahren bedeutet das schmale Plus eine beträchtliche Wachstumsverlangsamung.
- Das Transportwesen wuchs in vergleichbarer Größenordnung.
- Die anziehende Konjunktur wird der Branche in diesem Jahr wieder höhere Zuwächse erlauben. Prognostiziert sind drei Prozent für die Gesamtlogistik, die einzelnen Verkehrsträger sollen zwischen

1,4 und 3,1 Prozent zulegen.

- Deutsche Speditionen leiden zunehmend unter der Konkurrenz aus Osteuropa. Trotzdem will die Europäische Union den Markt für so genannte Kabotagefahrten weiter liberalisieren.
- Die Deutsche Post DHL steht weiterhin gut da, während die Deutsche Bahn 2013 einen deutlichen Gewinneinbruch verzeichnen musste.

Beitrag

Der deutsche Logistikmarkt

Die deutsche Logistikwirtschaft hat im vergangenen Jahr eine Wachstumsverlangsamung verzeichnet. Der Zuwachs betrug 0,9 Prozent und damit deutlich weniger als im Vorjahr, in dem noch 2,2 Prozent erreicht wurden. Gleichwohl hat die Logistik damit auch 2013 wiederum einen Zuwachs erreicht, der über dem der Gesamtwirtschaft liegt. Diese wuchs im vergangenen Jahr nur um 0,7 Prozent. Zudem konnte die Logistikbranche mit einem Umsatz von 230 Milliarden Euro zum vierten Mal in Folge eine Rekordmarke setzen.

Erfreulich für die Branche ist auch der hohe Stellenwert, den die deutsche Logistik im weltweiten Vergleich genießt. So hat die Weltbank den Logistikstandort Deutschland in diesem Jahr an die Spitze der internationalen Rangliste gesetzt. Zwar war Deutschland schon einmal Logistikweltmeister, hatte sich aber 2012 mit einer Rückstufung auf den vierten Platz zufrieden geben müssen.

Neben der gesamten Logistik hat auch die Transportbranche die wirtschaftliche Gesamtentwicklung Deutschlands 2013 übertroffen. Hier steht ein Plus zu Buche, das nach aktuellen Neuberechnungen des Statistischen Bundesamtes bei 0,8 Prozent liegt. Andere Institute kommen sogar auf ein Plus von 1,9 Prozent. Noch im Herbst 2013 war die Branche von einem leichten Rückgang ausgegangen, der sich aber nicht bewahrheitete.

Die guten Konjunkturaussichten für das laufende Jahr lassen die Logistikbranche auf ein noch erfolgreicheres Jahr hoffen. Prognostiziert ist derzeit ein Plus von drei Prozent. Auch der Güterverkehr soll im laufenden Jahr stärker zulegen als 2013. Am stärksten wird nach aktuellen Voraussagen der Schienengüterverkehr wachsen, gefolgt vom Straßengüterverkehr. Insgesamt soll der Güterverkehr in Deutschland 2014 um 1,9 Prozent zulegen. (1), (2), (3), (4), [Abb. 1], [Abb. 2]

Unternehmen im Markt

Mit der Post und der Bahn haben gleich zwei der weltweit größten Logistikunternehmen ihre Sitze in Deutschland. Die **Deutsche Post DHL** gilt dabei sogar als der weltweit führende Logistikkonzern. Gerade bei der Post ist derzeit zu sehen, wie sich der frühere Brief- und Pakettransportdienst immer mehr zu einem kompletten Logistikdienstleister entwickelt. Nur noch das Briefgeschäft innerhalb Deutschlands ist dem Geschäftsbereich Post zugeordnet, alle anderen Sparten werden von der Logistiksparte DHL betrieben. In ihren Händen liegen heute sowohl das deutsche und internationale Paketgeschäft als auch der grenzüberschreitende Briefverkehr sowie die Bereiche Express, globale Fracht und Supply Chain. Zum Gesamtergebnis des Konzerns steuert DHL mittlerweile zwei Drittel bei, das andere Drittel wird im deutschen Briefverkehr verdient.

2013 hat Deutsche Post DHL einen Gesamtumsatz von 55,1 Milliarden Euro erzielt. Im Vergleich mit 2012 bedeutete dies einen Zuwachs von drei Prozent. Das Vorsteuerergebnis lag bei 2,86 Milliarden Euro (2012: 2,67 Milliarden Euro), wovon unter dem Strich 2,1 Milliarden Euro als Konzerngewinn übrig blieben. Damit hat die Deutsche Post im abgelaufenen Geschäftsjahr einen um 450 Millionen Euro höheren Gewinn eingefahren als 2012.

Der deutlich höhere Gewinn geht nur zum Teil auf die von der Post 2013 vorgenommene Erhöhung des Briefportos zurück. Viel mehr kamen die stärksten Zuwächse aus den Logistiksparten Express und Supply Chain. So stiegen die Umsätze im Briefbereich 2013 um 3,4 Prozent auf 14,5 Milliarden Euro (2012: 14,0 Milliarden Euro), während es im Expressbereich vier Prozent, im Bereich Supply Chain sogar sechs Prozent waren. Der ebenfalls zu DHL gehörende Unternehmensbereich globale Fracht steuerte ein Plus von 5,3 Prozent bei. Die erneute Erhöhung des Briefportos am 1. Januar dieses Jahres zeigt allerdings, dass die Post auch an ihrem Briefmonopol weiter gut verdienen will.

Besonders stark profitiert die Deutsche Post DHL vom explodierenden Paketgeschäft. Immer mehr Menschen kaufen im Internet und lassen sich die Bestellung bequem nach Hause liefern. 2013 wuchs das Paketgeschäft des Konzerns um fast acht Prozent auf ein neues Rekordniveau von 3,8 Milliarden Euro.

2014 will die Deutsche Post weiter wachsen. Anvisiert ist ein Plus beim Vorsteuerergebnis von 2,86 Milliarden Euro auf 3,1 Milliarden Euro. Alleine 2,3 Milliarden Euro soll die Logistiksparte beisteuern. (5), (6)

Ganz anders als die erfolgreiche Post steht die **Deutsche Bahn** da. Der Konzern hatte 2012 Gewinne etwa auf dem hohen Niveau der Post erzielt, musste

2013 aber eine Halbierung des Ergebnisses melden. Schon im ersten Halbjahr 2013 hatte sich der Einbruch angekündigt, als das Vorsteuerergebnis im Vergleich mit dem Vorjahreszeitraum um 23 Prozent zurückblieb. Am Ende des Jahres stand denn auch nur ein Gewinn von 649 Millionen Euro in der Bilanz, 2012 lag dieser noch bei 1,5 Milliarden Euro. Verursacher des Rückgangs soll das Hochwasser sein. Durchaus wahrscheinlicher ist es allerdings, dass die skandalösen Vorgänge in Mainz und Bebra manchen Bahnkunden dazu brachten, auf ein anderes Verkehrsmittel zurückzugreifen. In beiden Städten hatte die auf Kostensenkung ausgerichtete Personalpolitik der Bahn dazu geführt, dass der Zugverkehr fast zum Erliegen kam und sich erst nach Wochen wieder normalisierte. Der Umsatz sank von 39,3 Milliarden Euro im Jahr 2012 auf 39,1 Milliarden Euro. Das Vorsteuerergebnis gab von 2,7 Milliarden auf 2,2 Milliarden Euro nach.

Klar ihre Ziele verfehlt hat auch die Logistiksparte DB Schenker Logistics. Der Umsatz sank um 3,5 Prozent auf 14,9 Milliarden Euro, der Gewinn schrumpfte um fast 20 Prozent auf 335 Millionen Euro. 2012 hatte der Gewinn noch bei 418 Millionen Euro gelegen.

Ganz düster sieht es bei DB Schenker Rail aus. Die Schienengütersparte der Bahn hatte schon 2012 Rückgänge bei der Verkehrsleistung verbuchen müssen, so auch im vergangenen Jahr. Der Umsatz sank um 1,7 Prozent auf 4,84 Milliarden Euro, der Vorsteuergewinn schrumpfte von 71 Millionen auf 47 Millionen Euro.

Nach dem Rückschlag im vergangenen Jahr wollen sowohl DB Schenker Logistics als auch DB Schenker Rail 2014 wieder spürbar zulegen. Erhofft wird eine Gewinnsteigerung auf eine Milliarde Euro - was angesichts der 2013 erreichten 694 Millionen Euro als ambitionierte Vorgabe gelten darf. Das erste Quartal dieses Jahres war allerdings nicht dazu geeignet, die optimistische Prognose zu stützen. Trotz der anziehenden Konjunktur konnte die Bahn in den ersten drei Monaten bei den Umsätzen kein Plus verbuchen, und auch die Erlöse verblieben auf dem niedrigen Vorjahresniveau. (7), (8), (9)

Ebenfalls zu den Top Ten der weltweiten Logistik gehört das auch in Deutschland sehr präsente Schweizer Unternehmen **Kühne & Nagel**. Der Logistikanbieter hatte 2012 ein schwaches Ergebnis eingefahren, doch konnte die Delle im vergangenen Jahr ausgemerzt werden. Das Vorsteuerergebnis wurde um 51 Millionen Euro (= 63 Millionen Franken) auf 496 Millionen Euro (= 607 Millionen Franken) gesteigert, was einen Zuwachs von stattlichen neun Prozent im Vorjahresvergleich bedeutet. Die Umsätze blieben dabei mit 20,9 Prozent nahezu gleich, die höchsten Zugewinne wurden in der Kontraktlogistik erreicht. (10)

Ein enttäuschendes Geschäftsergebnis hat die Luftfrachtsparte der Lufthansa 2013 eingeflogen, **LH Cargo**. Ein Gewinn von 77 Millionen Euro bedeutet gegenüber dem Vorjahr ein Minus von 28 Millionen Euro. Der Umsatz ging um 9,2 Prozent zurück auf insgesamt 2,4 Milliarden Euro.

Der Hauptgrund für die Rückgänge sind große Überkapazitäten in der europäischen Luftfracht, die auf die Preise drücken. Die Konkurrenten der Lufthansa sind von dieser Entwicklung jedoch weit schwerer betroffen. So hat Air France-KLM im abgelaufenen Geschäftsjahr einen Verlust von 202 Millionen Euro erlitten. Der nur geschmälerte Gewinn von LH Cargo darf damit noch als Erfolg gewertet werden. Im laufenden Jahr will Lufthansa Cargo bei der Transportmenge wieder zulegen, nämlich um fünf Prozent. Zugrunde liegt der optimistischen Prognose die starke Stellung der Lufthansa auf ihrem Heimatmarkt Deutschland, wo ihr Marktanteil bei über 23 Prozent liegt. Wichtigster Wachstumstreiber war in den letzten Jahren jedoch China. Die Flüge ins Reich der Mitte machen mittlerweile 14 Prozent der Transporte von LH Cargo aus. (11)

Die Teilsparten des Transportwesens

Straßengüterverkehr

Insgesamt ist der Güterverkehr in Deutschland 2013 gewachsen, allerdings nur schwach. Das erreichte Plus von 0,8 Prozent spiegelt sehr genau die im letzten Jahr gedämpfte Konjunkturentwicklung wieder, die der deutschen Gesamtwirtschaft ein mageres Plus von 0,7 Prozent bescherte. Insgesamt stand 2013 ein Transportaufkommen von 4,3 Milliarden Tonnen zu Buche.

Der Straßengüterverkehr hatte schon 2012 bei der Verkehrsleistung 2,2 Prozent verloren, 2013 gab es einen kleinen Zuwachs. Abschließende Zahlen liegen derzeit noch nicht vor, zu rechnen ist jedoch mit einem niedrigen Plus unter einem Prozent. Das Bundesministerium für Verkehr und digitale Infrastruktur schätzt das Aufkommen 2013 auf rund 3,3 Milliarden Tonnen und damit 0,9 Prozent höher als 2012. Unbeeinflusst von der genauen Zahl wird der hohe Anteil der Straße am Güterverkehr bleiben - er wird auch 2013 mehr als drei Viertel der transportierten Güter betragen.

2014 soll der Straßengüterverkehr nach Schätzungen von Experten ein sehr ansehnliches Plus von 2,9 Prozent erreichen. Die Steigerung wird allerdings nicht nur den deutschen Speditionen zugute kommen. Der starke Anstieg von Kabotagefahrten durch ausländische LKW hat schon in den letzten Jahren dazu geführt, dass die Zugewinne stark an die Konkurrenz insbesondere aus Osteuropa abflossen. Das Thema Kabotage steht gerade ganz oben auf der Agenda der europäischen Verkehrspolitik. Brüssel will die immer noch bestehende Reglementierung der Kabotage abschaffen, um Leerfahrten und die damit verbundene Energieverschwendung einzudämmen. Die Verkehrspolitiker der westeuropäischen Staaten sind strikt dagegen, da sie eine Ausweitung der Kabotage zulasten einheimischer Spediteure verhindern wollen. Wie der Streit ausgeht, ist derzeit noch unklar. (1), (12)

Schienengüterverkehr

Der Schienengüterverkehr in Deutschland ist im vergangenen Jahr überdurchschnittlich gewachsen, nämlich um 2,3 Prozent. Das Gesamtplus lässt die Rückgänge in der Schienengütersparte der Deutschen Bahn, DB Schenker Rail, besonders negativ erscheinen. 2014 soll die Schiene darüber hinaus von allen Verkehrsträgern am stärksten von der konjunkturellen Aufhellung profitieren. Vorausgesagt ist dem Verkehrsweg ein Plus von 3,1 Prozent. Gestützt wird die Prognose unter anderem durch die zaghaften Erholungssignale der Stahlerzeuger. (1), (8)

Seeschifffahrt

Die Seeschifffahrt erholt sich weiterhin nur langsam von den Einbrüchen durch die Weltwirtschaftskrise 2008/2009. 2012 wurde bei der transportierten Fracht ein Plus von mageren 0,8 Prozent erreicht, für das vergangene Jahr wurde erstmals seit der Krise bei der Tonnage ein Rückgang gemeldet, und zwar um 0,6 Prozent auf 293 Millionen Tonnen. Ein besseres Ergebnis zeigt der isolierte Blick auf die Containerschifffahrt. Sie erreichte 2013 einen Zuwachs von 2,4 Prozent. Hohe Wachstumsraten erzielte wie gewohnt der Seefrachtverkehr aus Asien, der ein Plus von 2,8 Prozent erreichte. Nach Asien wurde 2013 um 0,9 Prozent mehr Güter über die See transportiert. Die Zuwächse im europäischen Containerseeverkehr fielen indessen noch höher aus. So nahmen die europäischen Exportverkehre um 4,9 Prozent zu, die Importe nach Europa verzeichneten ein Plus von 4,8 Prozent.

2014 soll die Seeschifffahrt stärker wachsen. Prognostiziert ist für die Tonnage ein Plus von 2,7 Prozent, wobei den deutschen Reedern insbesondere der zunehmende Außenhandel zugute kommen soll. Der Containerverkehr könnte sogar um sieben Prozent zunehmen. (1), (13)

Binnenschifffahrt

Deutlich stärker als die Straße, aber nicht ganz so stark wie die Schiene hat die Binnenschifffahrt 2013 zugelegt. Plus 1,7 Prozent bedeuten eine transportierte Menge von 227 Millionen Tonnen. Die Transportleistung, das heißt die Tonnage im Verhältnis zur zurückgelegten Wegstrecke, stieg sogar um 2,2 Prozent auf 60 Milliarden Tonnenkilometer. Im laufenden Jahr wird sich die Binnenschifffahrt bei den Zuwachsraten wieder hinter den anderen Verkehrsträgern einordnen müssen. Vorausgesagt ist den Flussschiffern ein Zuwachs von lediglich 1,4 Prozent. Höhere Transportzahlen werden bei Kohle und chemischen Gütern erwartet, bei Kokerei- und Mineralölerzeugnissen müssen sich die Kapitäne hingegen auf einen leichten Rückgang von 0,4 Prozent einstellen. (1),(14)

Luftfracht

Die Luftfracht hat nach abschließenden Berechnungen 2012 ein Minus von 2,7 Prozent eingeflogen. 2013 fiel das Ergebnis mit plus 0,4 Prozent ebenfalls nur mager aus. Allerdings kann sich die Branche über besonders positive Aussichten freuen. Experten rechnen damit, dass die Tonnage dieses Jahr um drei Prozent nach oben gehen wird. Dem interkontinentalen Handel ist ein Plus von sogar 3,3 Prozent prognostiziert, das Geschäft mit Afrika markiert mit einem anvisierten Zuwachs von über zehn Prozent die Spitzenmarke. (1), (11)

Trends

Boom bei Logistik-Immobilien

Der stark zunehmende Onlinehandel sorgt dafür, dass Unternehmen wie Zalando oder Amazon, aber auch DHL, Hermes und Co. immer mehr Lagerflächen und Distributionshallen brauchen. Die Flächen für Logistik-Immobilien werden darum knapp, insbesondere in und um die Städte. Die Entwicklung hat zu einem rasanten Preisanstieg für Lagerflächen geführt, der den Investoren in Logistik-Immobilien derzeit eine Rendite von satten sieben Prozent beschert. Die Branche klagt allerdings zunehmend darüber, dass der Bedarf die zur Verfügung stehenden Flächen immer mehr übersteigt. Da die Bundesregierung den Bau von Logistikhallen auf der grünen Wiese bremst, besinnen sich die Anbieter jedoch gerade auf einen Ausweg. Sie verlagern ihr Geschäft zunehmend in verlassene

Industriebrachen in den Städten. Die allerdings haben ihren Preis. So kostet ein Quadratmeter Lagerfläche in München 250 Euro. Bei diesen Investitionen bleibt es jedoch nicht. Da Industriebrachen oft mit Umweltgiften kontaminiert sind, müssen die Flächen zuvor umfangreich saniert werden.

Stadtnahe Logistik-Immobilien sind ein entscheidender Vorteil, sollten die Paketdienstleister die von Kunden heute schon gewünschte Zustellung am selben Tag ins Angebot nehmen. Da immer mehr Menschen bereit sind, hierfür zu bezahlen, ist Same-day-Delivery drauf und ran, zum Megatrend der nächsten Jahre zu werden. (15), (16)

Zahlen & Fakten

Abbildung 1:

Gute Aussichten für die Logistikwirtschaft

Quelle: Verkehr Rundschau, Heft 43/2012, S. 24 / eigene Recherchen Entnommen aus: Verkehr Rundschau, Heft 43/2012, S. 24

Abbildung 2:

Zuwächse auf breiter Front

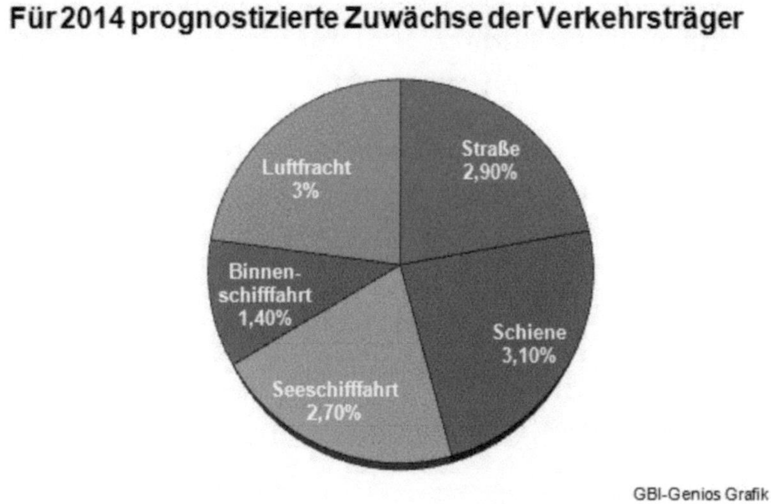

Quellen: Destatis / eigene Recherchen Entnommen aus: Verkehrs Rundschau, Heft 07/2013, S. 12

Weiterführende Literatur

(1) Tür für mehr Wachstum steht offen
aus Verkehrs Rundschau, Heft 12/2014, S. 24-26

(2) Güterverkehr darf auf Zuwachs bis 2017 hoffen
aus DVZ, Nr. 22 vom 18.03.2014

(3) Wieder Logistik-Weltmeister
aus Verkehrs Rundschau, Heft 14/2014, S. 22-23

(4) Logistiker beklagen Untätigkeit der EU
aus DVZ, Nr. 99 vom 10.12.2013

(5) Deutsche Post DHL erfüllt Ergebnisprognose und erhöht die Dividende
aus DVZ, Nr. 99 vom 10.12.2013

(6) Deutsche Post legt Gewinnlatte höher
Ambitionierte Ziele für 2020 - Paketgeschäft wird international ausgerollt - Appel erteilt M&A erneut Absage
aus Börsen-Zeitung, 03.04.2014, Nummer 65, Seite 7

(7) Deutsche Bahn 2013 "nasskalt erwischt"
aus Frankfurter Allgemeine Zeitung, 28.03.2014, Nr. 74, S. 23

(8) Rückschlag für DB Schenker
aus DVZ, Nr. 25 vom 28.03.2014

(9) Enttäuschende Logistik
aus Verkehrs Rundschau, Heft 14/2014, S. 27

(10) Kühne + Nagel steigert Rentabilität kräftig
Logistikkonzern empfiehlt sich mit Sonderdividende
aus Börsen-Zeitung, 04.03.2014, Nummer 43, Seite 13

(11) Mehr Luft als Fracht im Flieger
aus DVZ, Nr. 16 vom 25.02.2014

(12) Sieben Staaten fordern Klarheit bei Kabotage
aus DVZ, Nr. 01 vom 03.01.2014

(13) Containerverkehre wachsen 2013 um 2,4 Prozent
aus DVZ, Nr. 16 vom 25.02.2014

(14) Parlament macht Dampf für die

Binnenschifffahrt
aus Verkehrs Rundschau, Heft 7/2014, S. 17

(15) Logistik-Hallen erobern die Städte
aus Handelsblatt Nr. 053 vom 17.03.2014 Seite 016

(16) Zustellung am selben Tag vor Durchbruch
aus "Medianet" Nr. 1792/2014 vom 11.04.2014 Seite 48

Impressum

Branchenreport TRANSPORT & LOGISTIK Ausgabe 1/2014

Bibliografische Information der deutschen Nationalbibliothek

Die Deutsche Nationalbibliothek verzeichnet diese Publikation in der deutschen Nationalbibliografie; detaillierte bibliografische Daten sind im Internet über http://dnb.d-nb.de abrufbar.

ISBN: 978-3-7379-5675-8

oder ähnliche Einrichtungen und die Einspeicherung und Verarbeitung in elektronischen Systemen.